中国的北极政策

（2018 年 1 月）

中华人民共和国
国务院新闻办公室

人 民 出 版 社

目　录

前　言

近年来,全球气候变暖,北极冰雪融化加速。在经济全球化、区域一体化不断深入发展的背景下,北极在战略、经济、科研、环保、航道、资源等方面的价值不断提升,受到国际社会的普遍关注。北极问题已超出北极国家间问题和区域问题的范畴,涉及北极域外国家的利益和国际社会的整体利益,攸关人类生存与发展的共同命运,具有全球意义和国际影响。

中国倡导构建人类命运共同体,是北极事务的积极参与者、建设者和贡献者,努力为北极发展贡献中国智慧和中国力量。为了阐明中国在北极问题上的基本立场,阐释中国参与北极事务的政策目标、基本原则和主要政策主张,指导中国相关部门和机构开展北极活动和北极合作,推动有关各方更好参与北极治理,与国际社会一道共同维护和促进北极的和平、稳定和可持续发展,中国政府发表本白皮书。

一、北极的形势与变化

北极具有特殊的地理位置。地理上的北极通常指北极圈(约北纬 66 度 34 分)以北的陆海兼备的区域,总面积约 2100 万平方公里。在国际法语境下,北极包括欧洲、亚洲和北美洲的毗邻北冰洋的北方大陆和相关岛屿,以及北冰洋中的国家管辖范围内海域、公海和国际海底区域。北极事务没有统一适用的单一国际条约,它由《联合国宪章》《联合国海洋法公约》《斯匹次卑尔根群岛条约》等国际条约和一般国际法予以规范。

北极的大陆和岛屿面积约 800 万平方公里,有关大陆和岛屿的领土主权分别属于加拿大、丹麦、芬兰、冰岛、挪威、俄罗斯、瑞典、美国八个北极国家。北冰洋海域的面积超过 1200 万平方公里,相关海洋权益根据国际法由沿岸国和各国分享。北冰洋沿岸国拥有内水、领海、毗连区、专属经济区和大陆架等管辖海域,北冰洋中还有公海和国际海底区域。

北极域外国家在北极不享有领土主权,但依据《联合国海洋法公约》等国际条约和一般国际法在北冰洋公海等海域享有科研、航行、飞越、捕鱼、铺设海底电缆和管道等权利,在国际海底区域享有资源勘探和开发等权利。此外,《斯匹次卑尔根群岛条约》缔约国有权自由进出北极特定区域,并依法在该特定区域内平等享有开展科研以及从事生产和商业活动的权利,包括狩猎、捕鱼、采矿等。

北极具有独特的自然环境和丰富的资源,大部分海域常年被冰层覆盖。当前,北极自然环境正经历快速变化。过去30多年间,北极地区温度上升,使北极夏季海冰持续减少。据科学家预测,北极海域可能在本世纪中叶甚至更早出现季节性无冰现象。一方面,北极冰雪融化不仅导致北极自然环境变化,而且可能引发气候变暖加速、海平面上升、极端天气现象增多、生物多样性受损等全球性问题。另一方面,北极冰雪融化可能逐步改变北极开发利用的条件,为各国商业利用北极航道和开发北极资源提供机遇。北极的商业开发利用不仅将对全球航运、国际贸易和世界能源供应格局产生重要影响,对北极的经济社会发展带来巨大变化,对北极居民和土著人的生产和生活方式产生重要影响,还可能对北极生态环境造成潜在威胁。在处理涉北极全球性问题方面,国际社会命运与共。

二、中国与北极的关系

　　中国是北极事务的重要利益攸关方。中国在地缘上是"近北极国家",是陆上最接近北极圈的国家之一。北极的自然状况及其变化对中国的气候系统和生态环境有着直接的影响,进而关系到中国在农业、林业、渔业、海洋等领域的经济利益。

　　同时,中国与北极的跨区域和全球性问题息息相关,特别是北极的气候变化、环境、科研、航道利用、资源勘探与开发、安全、国际治理等问题,关系到世界各国和人类的共同生存与发展,与包括中国在内的北极域外国家的利益密不可分。中国在北冰洋公海、国际海底区域等海域和特定区域享有《联合国海洋法公约》《斯匹次卑尔根群岛条约》等国际条约和一般国际法所规定的科研、航行、飞越、捕鱼、铺设海底电缆和管道、资源勘探与开发等自由或权利。中国是联合国安理会常任理事国,肩负着共同维护北极和平与安全的重要使命。中国是世界贸易大国和能源消费大国,北极的航道和资源开发利用可能对中国的能源战略和经济发展产生巨大影响。中国的资金、技术、市场、知识和经验在拓展北极航道网络和促进航道沿岸国经济社会发展方面可望发挥重要作用。中国在北极与北极国家利益相融合，与世界各国休戚与共。

中国参与北极事务由来已久。1925年，中国加入《斯匹次卑尔根群岛条约》，正式开启参与北极事务的进程。此后，中国关于北极的探索不断深入，实践不断增加，活动不断扩展，合作不断深化。1996年，中国成为国际北极科学委员会成员国，中国的北极科研活动日趋活跃。从1999年起，中国以"雪龙"号科考船为平台，成功进行了多次北极科学考察。2004年，中国在斯匹次卑尔根群岛的新奥尔松地区建成"中国北极黄河站"。截至2017年年底，中国在北极地区已成功开展了八次北冰洋科学考察和14个年度的黄河站站基科学考察。借助船站平台，中国在北极地区逐步建立起海洋、冰雪、大气、生物、地质等多学科观测体系。2005年，中国成功承办了涉北极事务高级别会议的北极科学高峰周活动，开亚洲国家承办之先河。2013年，中国成为北极理事会正式观察员。近年来，中国企业开始积极探索北极航道的商业利用。中国的北极活动已由单纯的科学研究拓展至北极事务的诸多方面,涉及全球治理、区域合作、多边和双边机制等多个层面,涵盖科学研究、生态环境、气候变化、经济开发和人文交流等多个领域。作为国际社会的重要成员,中国对北极国际规则的制定和北极治理机制的构建发挥了积极作用。中国发起共建"丝绸之路经济带"和"21世纪海上丝绸之路"("一带一路")重要合作倡议,与各方共建"冰上丝绸之路",为促进北极地区互联互通和经济社会可持续发展带来合作机遇。

三、中国的北极政策目标和基本原则

　　中国的北极政策目标是:认识北极、保护北极、利用北极和参与治理北极,维护各国和国际社会在北极的共同利益,推动北极的可持续发展。

　　认识北极就是要提高北极的科学研究水平和能力,不断深化对北极的科学认知和了解,探索北极变化和发展的客观规律,为增强人类保护、利用和治理北极的能力创造有利条件。

　　保护北极就是要积极应对北极气候变化,保护北极独特的自然环境和生态系统,不断提升北极自身的气候、环境和生态适应力,尊重多样化的社会文化以及土著人的历史传统。

　　利用北极就是要不断提高北极技术的应用水平和能力,不断加强在技术创新、环境保护、资源利用、航道开发等领域的北极活动,促进北极的经济社会发展和改善当地居民的生活条件,实现共同发展。

参与治理北极就是要依据规则、通过机制对北极事务和活动进行规范和管理。对外,中国坚持依据包括《联合国宪章》《联合国海洋法公约》和气候变化、环境等领域的国际条约以及国际海事组织有关规则在内的现有国际法框架,通过全球、区域、多边和双边机制应对各类传统与非传统安全挑战,构建和维护公正、合理、有序的北极治理体系。对内,中国坚持依法规范和管理国内北极事务和活动,稳步增强认识、保护和利用北极的能力,积极参与北极事务国际合作。

通过认识北极、保护北极、利用北极和参与治理北极,中国致力于同各国一道,在北极领域推动构建人类命运共同体。中国在追求本国利益时,将顾及他国利益和国际社会整体利益,兼顾北极保护与发展,平衡北极当前利益与长远利益,以推动北极的可持续发展。

为了实现上述政策目标,中国本着"尊重、合作、共赢、可持续"的基本原则参与北极事务。

尊重是中国参与北极事务的重要基础。尊重就是要相互尊重,包括各国都应遵循《联合国宪章》《联合国海洋法公约》等国际条约和一般国际法,尊重北极国家在北极享有的主权、主权权利和管辖权,尊重北极土著人的传统和文化,也包括尊重北极域外国家依法在北极开展活动的权利和自由,尊重国际社会在北极的整体利益。

合作是中国参与北极事务的有效途径。合作就是要在北极建立多层次、全方位、宽领域的合作关系。通过全球、区域、多边和双边等多层次的合作形式,推动北极域内外国家、政府间国际组织、非国家实体等众多利益攸关方共同参与,在气候变化、科研、环保、航道、资源、人文等领域进行全方位的合作。

共赢是中国参与北极事务的价值追求。共赢就是要在北极事务各利益攸关方之间追求互利互惠,以及在各活动领域之间追求和谐共进。不仅要实现各参与方之间的共赢,确保北极国家、域外国家和非国家实体的普惠,并顾及北极居民和土著人群体的利益,而且要实现北极各领域活动的协调发展,确保北极的自然保护和社会发展相统一。

可持续是中国参与北极事务的根本目标。可持续就是要在北极推动环境保护、资源开发利用和人类活动的可持续性,致力于北极的永续发展。实现北极人与自然的和谐共存,实现生态环境保护与经济社会发展的有机协调,实现开发利用与管理保护的平衡兼顾,实现当代人利益与后代人利益的代际公平。

四、中国参与北极事务的主要政策主张

中国参与北极事务坚持科研先导,强调保护环境、主张合理利用、倡导依法治理和国际合作,并致力于维护和平、安全、稳定的北极秩序。

(一)不断深化对北极的探索和认知

北极具有重要的科研价值。探索和认知北极是中国北极活动的优先方向和重点领域。

中国积极推动北极科学考察和研究。中国尊重北极国家对其国家管辖范围内北极科考活动的专属管辖权,主张通过合作依法在北极国家管辖区域内开展北极科考活动,坚持各国在北冰洋公海享有科研自由。中国积极开展北极地质、地理、冰雪、水文、气象、海冰、生物、生态、地球物理、海洋化学等领域的多学科科学考察;积极参与北极气候与环境变化的监测和评估,通过建立北极多要素协同观测体系,合作建设科学考察或观测站、建设和参与北极观测网络,对大气、海洋、海冰、冰川、土壤、生物生态、环境质量等要素进行多层次和多领域的连续观测。中国致力于提高北极科学考察和研究的能力建设,加强北极科考站点和科考船只等保障平台的建设与维护并提升其功能,推进极地科学考察破冰船的建造工作等。

中国支持和鼓励北极科研活动,不断加大北极科研投入的力度,支持构建现代化的北极科研平台,努力提高北极科研能力和水平。大力开展北极自然科学研究,加强北极气候变化和生态环境研究,进一步推动物理、化学、生命、地球等基础学科的发展。不断加强北极社会科学研究,包括北极政治、经济、法律、社会、历史、文化以及北极活动管理等方面,促进北极自然科学和社会科学研究的协同创新。加强北极人才培养和科普教育,支持高校和科研机构培养北极自然和社会科学领域的专业人才,建立北极科普教育基地,出版北极相关文化产品,提高公民的北极意识。积极推进北极科研国际合作,推动建立开放包容的国际北极环境监测网络,支持通过国际北极科学委员会等平台开展务实合作,鼓励中国科学家开展北极国际学术交流与合作,推动中国高校和科研机构加盟"北极大学"协作网络。

技术装备是认知、利用和保护北极的基础。中国鼓励发展注重生态环境保护的极地技术装备，积极参与北极开发的基础设施建设，推动深海远洋考察、冰区勘探、大气和生物观测等领域的装备升级，促进在北极海域石油与天然气钻采、可再生能源开发、冰区航行和监测以及新型冰级船舶建造等方面的技术创新。

（二）保护北极生态环境和应对气候变化

中国坚持依据国际法保护北极自然环境，保护北极生态系统，养护北极生物资源，积极参与应对北极环境和气候变化的挑战。

1.保护环境

中国始终把解决全球性环境问题放在首要地位，认真履行有关国际条约的义务，承担环境保护责任。中国积极参加北极环境治理，加强北极活动的环境影响研究和环境背景调查，尊重北极国家的相关环保法规，强化环境管理并推动环境合作。

海洋环境是北极环境保护的重点领域。中国支持北冰洋沿岸国依照国际条约减少北极海域陆源污染物的努力，致力于提高公民和企业的环境责任意识,与各国一道加强对船舶排放、海洋倾废、大气污染等各类海洋环境污染源的管控,切实保护北极海洋环境。

2. 保护生态

北极是全球多种濒危野生动植物的重要分布区域。中国重视北极可持续发展和生物多样性保护,开展全球变化与人类活动对北极生态系统影响的科学评估,加强对北极候鸟及其栖息地的保护,开展北极候鸟迁徙规律研究,提升北极生态系统的适应能力和自我恢复能力,推进在北极物种保护方面的国际合作。

3. 应对气候变化

应对北极气候变化是全球气候治理的重要环节。中国一贯高度重视气候变化问题,已将落实"国家自主贡献"等应对气候变化的措施列入国家整体发展议程和规划,为《巴黎协定》的缔结发挥了重要作用。中国的减排措施对北极的气候生态环境具有积极影响。中国致力于研究北极物质能量交换过程及其机理,评估北极与全球气候变化的相互作用,预测未来气候变化对北极自然资源和生态环境的潜在风险,推动北极冰冻圈科学的发展。加强应对气候变化的宣传、教育,提高公众对气候变化问题的认知水平,促进应对北极气候变化的国际合作。

（三）依法合理利用北极资源

北极资源丰富，但生态环境脆弱。中国倡导保护和合理利用北极，鼓励企业利用自身的资金、技术和国内市场优势，通过国际合作开发利用北极资源。中国一贯主张，开发利用北极的活动应遵循《联合国海洋法公约》《斯匹次卑尔根群岛条约》等国际条约和一般国际法，尊重北极国家的相关法律，并在保护北极生态环境、尊重北极土著人的利益和关切的前提下，以可持续的方式进行。

1. 参与北极航道开发利用

北极航道包括东北航道、西北航道和中央航道。全球变暖使北极航道有望成为国际贸易的重要运输干线。中国尊重北极国家依法对其国家管辖范围内海域行使立法权、执法权和司法权，主张根据《联合国海洋法公约》等国际条约和一般国际法管理北极航道，保障各国依法享有的航行自由以及利用北极航道的权利。中国主张有关国家应依据国际法妥善解决北极航道有关争议。

中国愿依托北极航道的开发利用，与各方共建"冰上丝绸之路"。中国鼓励企业参与北极航道基础设施建设，依法开展商业试航，稳步推进北极航道的商业化利用和常态化运行。中国重视北极航道的航行安全，积极开展北极航道研究，不断加强航运水文调查，提高北极航行、安全和后勤保障能力。切实遵守《极地水域船舶航行安全规则》，支持国际海事组织在北极航运规则制定方面发挥积极作用。主张在北极航道基础设施建设和运营方面加强国际合作。

2. 参与油气和矿产等非生物资源的开发利用

中国尊重北极国家根据国际法对其国家管辖范围内油气和矿产资源享有的主权权利，尊重北极地区居民的利益和关切，要求企业遵守相关国家的法律并开展资源开发风险评估，支持企业通过各种合作形式，在保护北极生态环境的前提下参与北极油气和矿产资源开发。

北极富含地热、风能等清洁能源。中国致力于加强与北极国家的清洁能源合作，推动与北极国家在清洁能源开发的技术、人才和经验方面开展交流，探索清洁能源的供应和替代利用，实现低碳发展。

3. 参与渔业等生物资源的养护和利用

鱼类资源受气候变化等因素影响出现向北迁移趋势，

北冰洋未来可能成为新渔场。中国在北冰洋公海渔业问题上一贯坚持科学养护、合理利用的立场，主张各国依法享有在北冰洋公海从事渔业资源研究和开发利用活动的权利，同时承担养护渔业资源和保护生态系统的义务。

中国支持就北冰洋公海渔业管理制定有法律拘束力的国际协定，支持基于《联合国海洋法公约》建立北冰洋公海渔业管理组织或出台有关制度安排。中国致力于加强对北冰洋公海渔业资源的调查与研究，适时开展探捕活动，建设性地参与北冰洋公海渔业治理。中国愿加强与北冰洋沿岸国合作研究、养护和开发渔业资源。中国坚持保护北极生物多样性，倡导透明合理地勘探和使用北极遗传资源，公平公正地分享和利用遗传资源产生的惠益。

4.参与旅游资源开发

北极旅游是新兴的北极活动，中国是北极游客的来源国之一。中国支持和鼓励企业与北极国家合作开发北极旅游资源，主张不断完善北极旅游安全、保险保障和救援保障体系，切实保障各国游客的安全。坚持对北极旅游从业机构与人员进行培训和监管，致力于提高中国游客的北极环保意识，积极倡导北极的低碳旅游、生态旅游和负责任旅游，推动北极旅游业可持续发展。

中国坚持在尊重北极地区居民和土著人的传统和文化,保护其独特的生活方式和价值观,以及尊重北极国家为加强北极地区居民能力建设、促进经济社会发展、提高教育和医疗水平所作努力的前提下,参与北极资源开发利用,使北极地区居民和土著人成为北极开发的真正受益者。

(四)积极参与北极治理和国际合作

中国主张构建和完善北极治理机制。坚持依法规范、管理和监督中国公民、法人或者其他组织的北极活动,努力确保相关活动符合国际法并尊重有关国家在环境保护、资源养护和可持续利用方面的国内法,切实加强中国北极对外政策和事务的统筹协调。在此基础上,中国积极参与北极国际治理,坚持维护以《联合国宪章》和《联合国海洋法公约》为核心的现行北极国际治理体系,努力在北极国际规则的制定、解释、适用和发展中发挥建设性作用,维护各国和国际社会的共同利益。

中国主张稳步推进北极国际合作。加强共建"一带一路"倡议框架下关于北极领域的国际合作,坚持共商、共建、共享原则,重点开展以政策沟通、设施联通、贸易畅通、资金融通、民心相通为主要内容的务实合作,包括加强与北极国家发展战略对接、积极推动共建经北冰洋连接欧洲的蓝色经济通道、积极促进北极数字互联互通和逐步构建国际性基础设施网络等。中方愿与各方以北极为纽带增进共同福祉、发展共同利益。

在全球层面,中国积极参与全球环境、气候变化、国际海事、公海渔业管理等领域的规则制定,依法全面履行相关国际义务。中国不断加强与各国和国际组织的环保合作,大力推进节能减排和绿色低碳发展,积极推动全球应对气候变化进程与合作,坚持公平、共同但有区别的责任原则和各自能力原则,推动发达国家履行在《联合国气候变化框架公约》《京都议定书》《巴黎协定》中作出的承诺,为发展中国家应对气候变化提供支持。中国建设性地参与国际海事组织事务,积极履行保障海上航行安全、防止船舶对海洋环境造成污染等国际责任。中国主张加强国际海事技术合作,在国际海事组织框架内寻求全球协调一致的海运温室气体减排解决方案。中国积极参与北冰洋公海渔业管理问题相关谈判,主张通过制定有法律拘束力的国际协定管理北冰洋公海渔业资源,允许在北冰洋公海开展渔业科学研究和探捕活动,各国依据国际法享有的公海自由不受影响。

在区域层面,中国积极参与政府间北极区域性机制。中国是北极理事会正式观察员,高度重视北极理事会在北极事务中发挥的积极作用,认可北极理事会是关于北极环境与可持续发展等问题的主要政府间论坛。中国信守申请成为北极理事会观察员时所作各项承诺,全力支持北极理事会工作,委派专家参与北极理事会及其工作组和特别任务组的活动,尊重北极理事会通过的《北极海空搜救合作协定》《北极海洋油污预防与反应合作协定》《加强北极国际科学合作协定》。中国支持通过北极科技部长会议等平台开展国际合作。

在多边和双边层面,中国积极推动在北极各领域的务实合作,特别是大力开展在气候变化、科考、环保、生态、航道和资源开发、海底光缆建设、人文交流和人才培养等领域的沟通与合作。中国主张在北极国家与域外国家之间建立合作伙伴关系,已与所有北极国家开展北极事务双边磋商。2010年,中美建立了海洋法和极地事务年度对话机制。自2013年起,中俄持续举行北极事务对话。2012年,中国与冰岛签署《中华人民共和国政府与冰岛共和国政府关于北极合作的框架协议》,这是中国与北极国家缔结的首份北极领域专门协议。中国重视发展与其他北极域外国家之间的合作,已同英国、法国开展双边海洋法和极地事务对话。2016 年,中国、日本、韩国启动北极事务高级别对话,推动三国在加强北极国际合作、开展科学研究和探索商业合作等方面交流分享相关政策、实践和经验。

中国支持各利益攸关方共同参与北极治理和国际合作。支持"北极—对话区域"、北极圈论坛、"北极前沿"、中国—北欧北极研究中心等平台在促进各利益攸关方交流合作方面发挥作用。支持科研机构和企业发挥自身优势参与北极治理,鼓励科研机构与外国智库、学术机构开展交流和对话,支持企业依法有序参与北极商业开发和利用。

(五)促进北极和平与稳定

北极的和平与稳定是各国开展各类北极活动的重要保障,符合包括中国在内的世界各国的根本利益。中国主张和平利用北极,致力于维护和促进北极的和平与稳定,保护北极地区人员和财产安全,保障海上贸易、海上作业和运输安全。中国支持有关各方依据《联合国宪章》《联合国海洋法公约》等国际条约和一般国际法,通过和平方式解决涉北极领土和海洋权益争议,支持有关各方维护北极安全稳定的努力。中国致力于加强与北极国家在海空搜救、海上预警、应急反应、情报交流等方面的国际合作，妥善应对海上事故、环境污染、海上犯罪等安全挑战。

结　束　语

北极的未来关乎北极国家的利益,关乎北极域外国家和全人类的福祉,北极治理需要各利益攸关方的参与和贡献。作为负责任的大国,中国愿本着"尊重、合作、共赢、可持续"的基本原则,与有关各方一道,抓住北极发展的历史性机遇,积极应对北极变化带来的挑战,共同认识北极、保护北极、利用北极和参与治理北极,积极推动共建"一带一路"倡议涉北极合作,积极推动构建人类命运共同体,为北极的和平稳定和可持续发展作出贡献。

图书在版编目（CIP）数据

中国的北极政策/中华人民共和国国务院新闻办公室 著. —
北京：人民出版社，2018.1
ISBN 978－7－01－018901－7

Ⅰ.①中… Ⅱ.①中… Ⅲ.①北极－对外政策－研究－中国
Ⅳ.①D820

中国版本图书馆 CIP 数据核字（2018）第 023593 号

中国的北极政策
ZHONGGUO DE BEIJI ZHENGCE

（2018 年 1 月）

中华人民共和国国务院新闻办公室

人 民 出 版 社 出版发行
（100706　北京市东城区隆福寺街 99 号）

北京新华印刷有限公司印刷　新华书店经销

2018 年 1 月第 1 版　2018 年 1 月北京第 1 次印刷
开本：850 毫米×1168 毫米 1/32　印张：0.875
字数：14 千字

ISBN 978－7－01－018901－7　定价：3.00 元

邮购地址 100706　北京市东城区隆福寺街 99 号
人民东方图书销售中心　电话（010）65250042　65289539